PEARSON
Detective

PEARSON

Glenview, Illinois
Boston, Massachusetts
Chandler, Arizona
New York, New York

ISBN-13: 978-0-328-86823-0
ISBN-10:   0-328-86823-X
5   16

Contenido

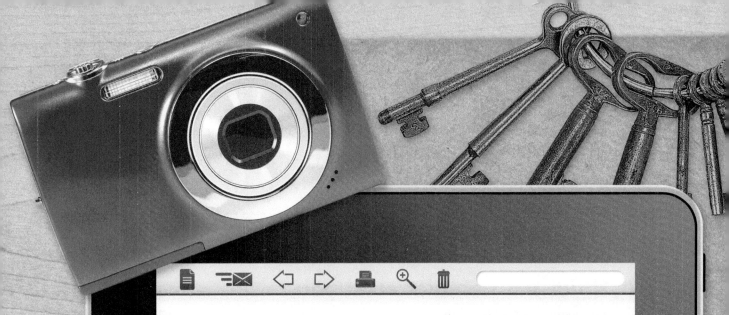

De: Los superdetectives

Asunto: Misterios

Estimado detective:

Los misterios nos rodean. Podría haber un misterio en tu patio de recreo. Podría haber un misterio en una tierra lejana. ¡Podría haber misterios entre las páginas de este libro! Entonces, ¿qué haces para resolver un misterio? ¡Conviértete en un detective! Busca pistas. Haz preguntas interesantes. Luego, busca la conexión entre todas las partes y comprueba tus respuestas. Este libro te da la oportunidad de practicar las destrezas que usan los detectives. Cuando leas este libro, usa Pasos de un superdetective para hallar respuestas a algunas preguntas realmente importantes.

¡Buena suerte!

PASOS DE UN SUPERDETECTIVE

Busca pistas

- Vuelve a observar el texto y las ilustraciones. ¿Qué te dicen?
- Escribe o dibuja lo que aprendas. Esto te ayudará a recordar.
- Busca ideas importantes e intenta encontrar conexiones entre las pistas.

Haz preguntas

- Los superdetectives hacen preguntas importantes.
- Sé curioso.
- Intenta aprender más.

Justifica tu caso

- Observa las pistas y resume lo que sabes.
- Usa lo que aprendiste y lo que ya sabes para pensar en tus propias ideas.
- Di lo que piensas.

¡Demuéstralo!

- Muestra lo que aprendiste.
- Trabaja con otras personas. ¡Comparte la aventura!

Unidad 1
Entender las comunidades

¡Hola, Detective!
En esta unidad buscarás pistas
mientras exploramos las maneras en
que las personas viven y trabajan
juntas. Estos son algunos consejos
de un detective que te
ayudarán. ¡Disfruta de
la aventura!

Consejos de un detective

Busca pistas

¿Dónde encuentran pistas los detectives?

- Los detectives observan las palabras. Algunas pistas pueden estar escondidas.
- Los detectives encuentran pistas en las ilustraciones. Observa con atención.

Haz preguntas

¿Qué tipos de preguntas hacen los detectives?

- Los detectives preguntan qué sucedió.
- Los detectives intentan saber cuándo, dónde, por qué y cómo sucedió algo.

Justifica tu caso

¿Cómo deciden los detectives la respuesta?

- Los detectives vuelven a observar lo que leyeron. Piensan en lo que ya saben.
- Los detectives observan las pistas. Las pistas pueden indicar la mejor respuesta.

¡Demuéstralo!

¿Qué hacen los detectives para demostrar lo que saben?

- Los detectives piensan en lo que aprendieron y deciden qué es importante compartir con los demás.
- Los detectives planifican qué compartirán con los demás y revisan su trabajo.

La búsqueda del anillo de Amelia

—Juana, ¿has visto mi anillo? —preguntó Amelia. Juana *sí* había visto el anillo de su hermana. Se lo había probado, pero era un poco grande, así que se lo quitó... pero, ¿dónde lo había dejado? ¡Juana no podía recordarlo!

Cuando le dijo la verdad a su hermana, Amelia se enojó. ¡Juana tenía que encontrar el anillo! Se arrastró debajo de las mesas, echó un vistazo dentro de los cajones del tocador, miró detrás del sillón y abrió todos los gabinetes. Finalmente, se dio por vencida y salió a sentarse en los escalones de la entrada.

Su vecina, la señora Kim, subió las escaleras. —¿Qué sucede? —preguntó. Juana le contó.

—Cuando no encuentro algo, me resulta útil volver sobre mis pasos —dijo la señora Kim.

Juana pensó y pensó. Primero, había hecho la tarea y luego había comido un bocadillo. Después... ¡Ah! ¡Ahora recordaba!

Juana ayudó a la señora Kim a llevar los comestibles. Luego, corrió a su apartamento y fue a la repisa de la ventana de la cocina. ¡Allí estaba! El anillo estaba justo donde Juana lo había dejado cuando ayudó a su mamá a regar las plantas. Juana corrió a dárselo a Amelia. Había aprendido su lección sobre llevarse lo que no era suyo. ¡También aprendió que dos cabezas son mejores que una sola cuando hay que resolver un misterio!

Sé un detective

Busca pistas ¿Cómo ayudó a Juana la sugerencia de la señora Kim para encontrar el anillo? Busca pistas en el texto.

Haz preguntas Ahora que has leído el cuento, ¿qué preguntas le habrías hecho a Juana para ayudarla a encontrar el anillo?

Justifica tu caso ¿Cómo crees que cambió la relación entre Juana y su hermana desde el comienzo hasta el final del cuento? Explica tu razonamiento.

Una sorpresa de cumpleaños

—¡Mamá se sorprenderá mucho! —dijo Sandra. Observó con orgullo el pastel que había hecho con su hermano y con la ayuda del tío Camilo para el cumpleaños de mamá.

—Pongámoslo en el comedor —dijo Sam—. Así será lo primero que vea mamá.

Sandra estuvo de acuerdo y Sam lo levantó con cuidado. Luego vinieron los problemas. Su primo Tomás entró rápidamente por la puerta giratoria. La puerta golpeó el plato, el plato se inclinó y *¡plaf!* El pastel aterrizó en el piso.

—¡Oh, no! —gritó Sandra—. ¿Qué haremos ahora?

—Tendremos que ser creativos —dijo Sam.

El tío Camilo les había hecho panqueques esa mañana antes de irse a trabajar, y todavía quedaban algunos.

—No podemos darle a mamá un pastel de cumpleaños. ¡En cambio podemos darle panqueques de cumpleaños! —dijo Sandra.

—¡Excelente idea! —dijo Sam. Calentaron los panqueques. Sam untó mermelada en cada uno. Luego Sandra les añadió rodajas de plátano. Apilaron los panqueques y les colocaron velitas encima.

En ese momento, escucharon que mamá bajaba las escaleras. Sam corrió a las escaleras y le pidió que se quedara en su cuarto. Mamá pensó que podía haber una sorpresa. Luego Sandra llegó con los panqueques de cumpleaños. Mamá se rió.

—¿Cómo supieron que siempre he querido un desayuno de cumpleaños en la cama? —dijo.

Sé un detective

Busca pistas ¿Qué pistas indican los talentos y la personalidad de Sandra?

Haz preguntas ¿Qué preguntas habrías hecho si hubieras estado allí cuando se cayó el pastel?

Justifica tu caso ¿Por qué la secuencia es importante en este cuento? Usa ejemplos del cuento en tu respuesta.

Amistad
poco probable

Todos los lunes por la tarde, Ania ayudaba a la señora Horta a trabajar en su patio. La señora Horta siempre observaba a Ania desde su porche elevado. Hasta le preparaba un vaso de jugo para cuando terminara de trabajar. Ania solía llevar su violín. La señora Horta sonreía complacida cuando Ania tocaba para ella. Ania solía quejarse de tener que visitar a la señora Horta, pero la madre de Ania siempre insistía en que fuera. Decía que los vecinos siempre deben cuidarse entre sí.

Un lunes, Ania fue sin su violín. Cuando terminó de rastrillar el patio, se sentó con tristeza junto a su vecina. La señora Horta le preguntó qué había sucedido. Ania rompió a llorar. Su hermano había roto su violín por accidente. No había manera de arreglarlo a tiempo para su concierto de otoño.

La señora Horta desapareció dentro de su casa. Regresó pocos minutos después con un viejo estuche de violín. Adentro estaba el violín más hermoso que Ania hubiera visto.

La señora Horta lo levantó amorosamente y se lo dio a Ania. Ania tocó unas cuantas notas, dejó el violín en su estuche forrado de terciopelo y abrazó a la señora Horta. El violín era el mejor regalo que Ania había recibido.

Sé un detective

Busca pistas Halla pistas que muestren que Ania y la señora Horta eran buenas vecinas.

Haz preguntas ¿Qué preguntas le harías a la señora Horta si la estuvieras visitando?

Justifica tu caso ¿Qué sabemos sobre la relación entre Ania y la señora Horta? Usa detalles del cuento en tu respuesta.

Unidad 2
Tomar decisiones

¡Hola, Detective!
En esta unidad buscarás
pistas para aprender cómo
las personas toman decisiones.
Estos son algunos consejos de
un detective que te ayudarán.
¡Buena suerte!

Consejos de un detective

Busca pistas

¿Por qué los detectives vuelven a leer?

- Los detectives vuelven a leer porque saben que se les puede pasar algo la primera vez que leen.
- Los detectives vuelven a leer para encontrar pistas escondidas.

Haz preguntas

¿Qué hace que una pregunta sea buena?

- Los detectives saben que una buena pregunta se enfoca en el tema.
- Los detectives eligen sus palabras cuidadosamente cuando hacen una pregunta.

Justifica tu caso

¿Cómo justifican los detectives su caso de manera clara?

- Los detectives justifican con claridad lo que creen al principio y nuevamente al final.
- Los detectives dicen qué pistas encontraron en el texto y las ilustraciones.

¡Demuéstralo!

¿Qué hacen los detectives cuando trabajan con otros detectives?

- Los detectives comparten lo que saben. Este es el momento para que compartas tus pistas con los demás.
- Los detectives comparten su trabajo para que todos tengan la oportunidad de sobresalir.

¡Te lo cambio!

Samuel tenía muchas ganas de mostrarles a su mamá y a su abuela la nueva patineta que acababa de recibir de Benito. Benito tenía muchas ganas de darle a su hermana el chal que acababa de recibir de Samuel. ¡Benito y Samuel eran mejores amigos!

La abuela de Samuel había trabajado durante varias semanas tejiendo el chal. Benito se había preguntado durante varias semanas qué podía regalarle a su hermana para su cumpleaños. Luego, una noche, Benito vio el chal que tejía la abuela de Samuel. ¡Sabía que a su hermana le encantaría!

Todos los días, después de la escuela, Samuel patinaba con Benito. Samuel quería su propia patineta. Benito sabía cuánto le gustaría a Samuel tener una patineta. ¡De repente se había hecho un trueque!

Cambiar una cosa por otra era una manera de vivir. La mamá y la abuela de Samuel recordaban cuando en vez de un trueque se usaba algo llamado dinero. Con el dinero pagaban las cosas que necesitaban.

Samuel y Benito eran muy pequeños para recordar esa época.

A veces, la mamá de Samuel abría una gaveta secreta de su caja de joyas. Dejaba que Samuel tocara las monedas brillantes y los billetes lisos de dólares que tenía guardados. Luego, los ponía en un lugar seguro.

Ya no se usaba el dinero. En cambio, se intercambiaban cosas. Samuel no se podía imaginar la vida de otra manera. Él sabía dibujar, así que siempre intercambiaba sus dibujos para obtener lo que quería. Su familia y la familia de Benito intercambiaban cosas con frecuencia. Samuel no comprendía por qué alguien podría necesitar el dinero. ¡El trueque era mucho más fácil!

Sé un detective

Reúne evidencias ¿Cómo sabes que este cuento sucede en algún momento en el futuro? Escribe detalles que apoyen lo que dices.

Haz preguntas Si pudieras hablar con Samuel y Benito, ¿qué preguntas les harías sobre la vida sin dinero? Escribe dos preguntas.

Justifica tu caso ¿Cuál es la idea más importante sobre el trueque que el escritor quiere compartir? ¿Qué información se da que apoye esta idea?

Más que DISPENSADORES DE DINERO

¿Alguna vez visitaste un cajero automático? ¿Observaste con sorpresa cuando, como por arte de magia, el dinero salía de la máquina? Hace varias décadas, las operaciones bancarias no eran tan sencillas.

Los bancos se usan para guardar y ahorrar dinero de manera segura. Luego, cuando es necesario gastarlo, se retira dinero. Esto es complicado si tu banco no está cerca. Es aún más complicado si tu banco está cerrado. Entonces, ¿cómo se obtiene el dinero cuando hace falta?

A comienzos de la década de 1970, se inauguró el primer cajero automático. Los cajeros automáticos son máquinas. Con una tarjeta bancaria de plástico y un PIN, o número de identificación personal, se puede acceder a una cuenta bancaria propia. Se puede hacer en cualquier momento del día o de la noche, o incluso cuando el banco está cerrado. Se puede retirar dinero, y se puede depositar dinero y cheques. ¡Lo más útil de todo es que hay cajeros automáticos en todos lados!

Cada año, los bancos agregan nuevos servicios a los cajeros automático. Por ejemplo, ahora se pueden depositar cheques sin usar un sobre.

Eso se debe a que los cajeros automáticos leen los cheques. Otra mejora son los cajeros automáticos que hablan. Estas máquinas tienen audio, de modo que las personas no pueden ver o que no ven bien puedan acceder a sus cuentas bancarias escuchando las instrucciones.

Los cajeros automáticos siguen mejorando. Algunos ahora tienen pantallas de video. Un empleado del banco usa la pantalla de video para hablar con la persona que usa el cajero automático. Otros bancos incluso están probando maneras en las que los teléfonos celulares se puedan usar en los cajeros automáticos. ¡Solo imagina lo que podrán hacer los cajeros automáticos en el futuro!

SÉ UN DETECTIVE

Reúne evidencias ¿En qué se diferencian los cajeros automáticos modernos de los cajeros automáticos de comienzos de la década de 1970? Da al menos una evidencia del texto.

Haz preguntas Ahora que has leído el texto, ¿sobre qué servicio de cajero automático te gustaría saber más? Escribe una pregunta para orientar tu investigación.

Justifica tu caso ¿Qué información da el escritor para apoyar la idea de que los cajeros automáticos son más que dispensadores de dinero?

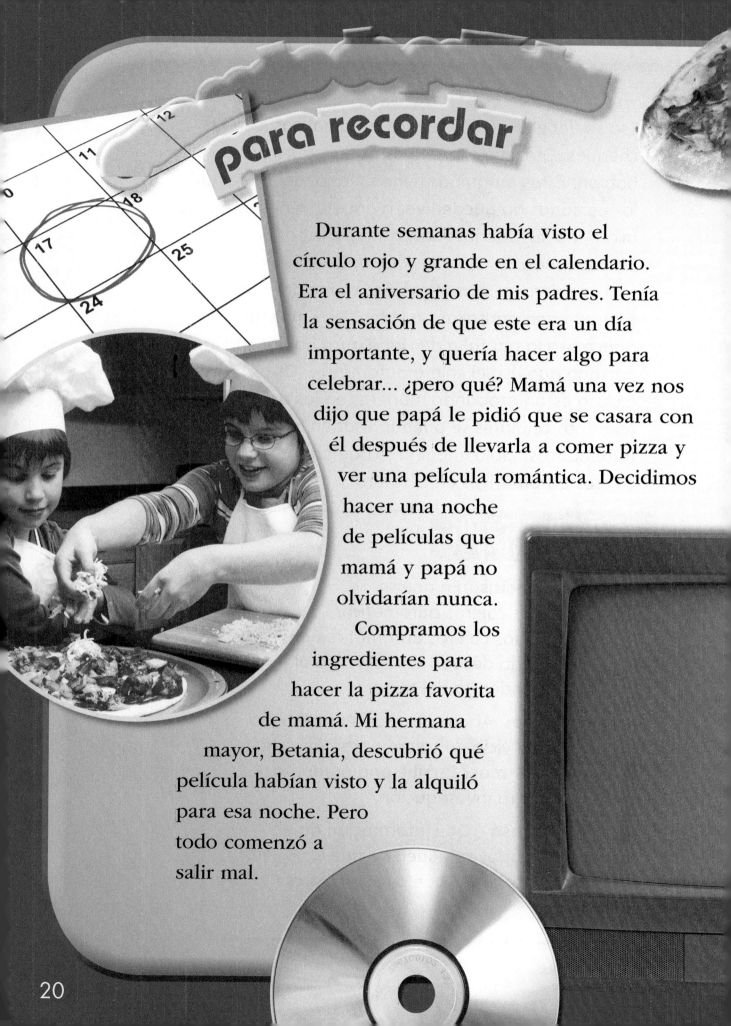

para recordar

Durante semanas había visto el círculo rojo y grande en el calendario. Era el aniversario de mis padres. Tenía la sensación de que este era un día importante, y quería hacer algo para celebrar... ¿pero qué? Mamá una vez nos dijo que papá le pidió que se casara con él después de llevarla a comer pizza y ver una película romántica. Decidimos hacer una noche de películas que mamá y papá no olvidarían nunca.

Compramos los ingredientes para hacer la pizza favorita de mamá. Mi hermana mayor, Betania, descubrió qué película habían visto y la alquiló para esa noche. Pero todo comenzó a salir mal.

Primero, la pizza se deslizó de la bandeja y cayó al piso mientras la llevaba a la mesa. Luego, Betania quemó las palomitas de maíz, así que toda la casa olía horrible. Luego, descubrimos que el DVD no funcionaba. Betania y yo estábamos enojados, pero papá se rió entre dientes mientras abría una ventana para ventilar la casa.

Nos llevó a cenar afuera, al mismo restaurante donde mamá y él comieron esa noche especial. Mientras comíamos pizza, oímos la historia de cómo se conocieron mamá y papá. Era mejor que la mejor película romántica... ¡y sin palomitas de maíz!

Busca pistas ¿Qué pistas puedes encontrar que muestren que mamá y papá no estaban enojados por los problemas que tuvieron con la sorpresa?

Haz preguntas Ahora que has leído el texto, ¿qué preguntas le harías a alguien que celebra un día especial?

Justifica tu caso Elige palabras que usó la escritora para describir sus sentimientos. Reemplázalas con palabras que tengan significados similares. Lee el cuento en voz alta.

Unidad 3
Desarrollar ideas

¡Hola, Detective! En esta unidad buscarás pistas sobre algunas ideas importantes. Estos son algunos consejos de un detective que te ayudarán. ¡Que te diviertas!

Consejos de un detective

Busca pistas

¿Cómo obtienen los detectives pistas de las ilustraciones?

- Los detectives usan las ilustraciones como ayuda para comprender palabras o ideas más difíciles.
- Los detectives observan las ilustraciones para aprender cosas que no están incluidas en el texto.

Haz preguntas

¿Por qué los detectives son tan curiosos?

- Los detectives siempre se preguntan por qué o cómo sucedió algo. Intentan encontrar algo que otros no vieron.
- Los detectives saben que ser curioso y hacer preguntas puede conducir a aventuras.

Justifica tu caso

¿Por qué no todos los detectives están de acuerdo con las respuestas?

- Los detectives pueden encontrar diferentes pistas o pueden relacionar las pistas de diferentes maneras.
- Los detectives saben que nuestras diferentes experiencias hacen que cada uno piense de diferente manera.

¡Demuéstralo!

¿Cómo pueden los detectives ser creativos cuando muestran lo que han descubierto?

- Los detectives intentan usar nuevas y diferentes maneras de mostrar los detalles con claridad.
- Los detectives piensan en muchas maneras de compartir lo que saben. ¡Pueden dibujar, escribir o montar un espectáculo!

Gregor Mendel

Gregor Mendel siempre amó la naturaleza. Creció en una granja. Caminaba por la campiña todos los días. Le encantaba observar las plantas y los animales en el camino. Observaba de qué maneras las plantas se parecen y se diferencian. Más adelante, Mendel se convirtió en maestro y científico.

Un día, Mendel hizo una larga caminata. Vio una flor que era diferente de las demás del mismo tipo. Esto lo hizo preguntarse qué había causado esas diferencias. Comenzó a cultivar plantas de arvejas como parte de un experimento. En siete años cultivó miles de plantas. Registró los diferentes rasgos de las plantas. Observó el color de las flores y las vainas de las arvejas. Midió la altura de las plantas. Observó la forma de sus vainas y sus hojas. Vio que había un patrón. Las plantas "padres" transmitían los rasgos a las plantas "hijas" de maneras determinadas. Los estudios de Mendel lo ayudaron a descubrir las reglas sobre cómo se transmiten los rasgos. Este fue el comienzo de una rama de la ciencia llamada genética.

La genética ha ayudado a que los científicos y los médicos comprendan más sobre los seres vivos. Los científicos pueden combatir enfermedades y cultivar alimentos más sanos. La próxima vez que sientas curiosidad sobre algo, ¡explóralo! ¿Quién sabe? Tú, como Gregor Mendel, podrías cambiar al mundo.

Sé un detective

Busca pistas ¿Qué hacía que Gregor Mendel fuera un buen científico? Usa pistas de la lectura para apoyar tu respuesta.

Haz preguntas Escribe dos preguntas interesantes sobre Gregor Mendel que no se respondan en el texto.

Justifica tu caso Enumera tres datos que el escritor comparte sobre la vida de Mendel. ¿Qué otro tipo de datos o hechos hubiera sido interesante añadir?

LA UNIÓN DEBE SER Y SERÁ PRESERVADA

Se necesitan muchas habilidades para ser presidente de los Estados Unidos. Es un arduo trabajo. Ofrece pocas recompensas y también puede requerir algo de suerte.

El tercer presidente de los Estados Unidos fue Thomas Jefferson. Una vez dijo: "Yo creo bastante en la suerte". Abraham Lincoln explicó que "La suerte es lo que sucede cuando la preparación se encuentra con la oportunidad". Nuestro cuadragésimo presidente fue Ronald Reagan. Dijo: "No hay límite para lo que un hombre puede hacer si no le importa quién se lleva el crédito".

Estos tres presidentes fueron diferentes tipos de líderes. Tenían talentos especiales.

Thomas Jefferson tenía muchas destrezas y contribuyó a fundar nuestro país. Nació en 1743, en Virginia. Fue arquitecto, músico y científico. Redactó la Declaración de Independencia. Este documento ayudó a que los Estados Unidos alcanzaran su propia independencia.

Bringing America Back!

The time is now. Reagan Bush

Ahora es el momento. Reagan Bush

Abraham Lincoln nació en una cabaña de troncos en Kentucky, en 1809. Más tarde se mudó a Illinois. Aprendió a leer por sí solo y estudió derecho. Como presidente, ayudó a liberar a los afroamericanos de la esclavitud.

Antes de convertirse en presidente, Ronald Reagan fue actor. Nació en Illinois en 1911. Se convirtió en gobernador de California. Como presidente, ayudó a hacer la paz con otros países.

Jimmy Carter for a Better Future

Jimmy Carter, para un futuro mejor

NIXON, AHORA MÁS QUE NUNCA

NIXON NOW MORE THAN EVER

Sé un detective

Busca pistas ¿Qué información del texto se podría usar para escribir una biografía de uno de estos presidentes?

Haz preguntas Escribe una pregunta que todavía tengas acerca de cada uno de estos presidentes.

Justifica tu caso Usa información del texto para indicar en qué se parecieron dos de estos presidentes y en qué se diferenciaron dos de ellos.

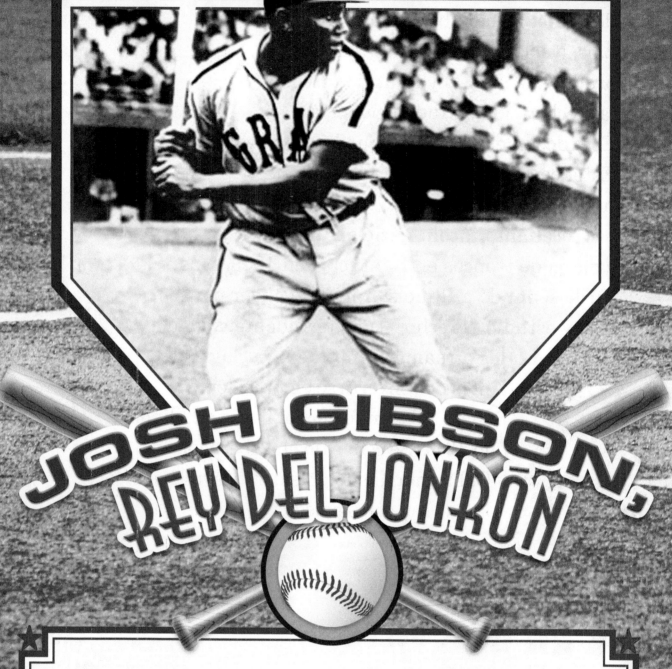

JOSH GIBSON, REY DEL JONRÓN

La primera pasión de Josh Gibson fue el beisbol. En su tiempo libre, se le podía ver mejorando sus destrezas y exhibiendo su talento. Una noche, en 1930, Gibson fue a ver al equipo de su ciudad, los *Homestead Grays*, que jugaban contra los *Monarchs* de Kansas City. Esa noche todo cambió.

El receptor de los *Grays* estaba lesionado. El dueño del equipo recordaba haber visto cómo Gibson, de 18 años, jugaba al beisbol. Invitó al joven deportista a jugar esa noche. El dueño estaba tan impresionado, que le pidió a Gibson que se uniera al equipo. Gibson jugó al beisbol profesional por el resto de su vida.

Josh Gibson era un gran jugador. Bateó cientos de jonrones. Gibson lideró la *Negro National League* (Liga Nacional de Jugadores Afroamericanos) en jonrones por diez años. Podía batear una pelota de beisbol más fuerte y más lejos que casi cualquier otro jugador en la historia del juego. También era un hábil receptor. Se ganó un lugar en el Salón de la Fama del Beisbol. Pero Josh Gibson no jugó en las Grandes Ligas. Las Grandes Ligas no admitían jugadores afroamericanos en esa época. Tres meses después de la muerte de Gibson en 1947, Jackie Robinson se convirtió en el primer afroamericano en jugar en las Grandes Ligas. Robinson continuó con la tradición de Gibson de excelencia en el beisbol.

SÉ UN DETECTIVE

Busca pistas ¿Qué pistas puedes encontrar que muestren que el beisbol era importante para Josh Gibson?

Haz preguntas Ahora que has leído el texto, escribe tres preguntas interesantes que se relacionen con el beisbol de hace mucho tiempo.

Justifica tu caso ¿Cuáles crees que son los cuatro datos más importantes que el escritor comparte sobre Josh Gibson?

Unidad 4
Enfrentar los desafíos y el cambio

¡Hola, Detective!

En esta unidad buscarás pistas sobre las personas que enfrentan los desafíos. Estos son algunos consejos de un detective que te ayudarán. ¡Vas por el camino correcto!

Consejos de un detective

Busca pistas

¿Cómo recuerdan las pistas los detectives?

- Los detectives no esperan recordarlo todo. Anotan los detalles importantes.
- Los detectives tienen muchas maneras de recordar las pistas. Pueden escribir una lista o hacer un dibujo.

Haz preguntas

¿Por qué los detectives hacen preguntas?

- Los detectives hacen preguntas para reunir datos. Estas suelen ser las preguntas más fáciles de responder.
- Los detectives también hacen preguntas para hacer que todos piensen.

Justifica tu caso

¿Cómo trabajan los detectives con otros detectives?

- Los detectives les hacen preguntas a otras personas para encontrar áreas en las que todos estén de acuerdo.
- Los detectives quieren oír las ideas de los demás.

¡Demuéstralo!

¿En qué piensan los detectives antes de mostrar lo que aprendieron?

- Los detectives revisan lo que aprendieron para decidir qué es importante y qué no lo es.
- Los detectives piensan cuál es el mejor orden en que pueden poner las cosas antes de compartirlas con los demás.

Eric escuchó atentamente la lección de primeros auxilios en la reunión de niños exploradores. El orador invitado hablaba sobre la maniobra Heimlich, que puede salvar a alguien que se está ahogando con algo. La maniobra hace que se expulse lo que esté atrapado en la garganta de una persona que se ahoga. Más adelante, Eric vio un programa de televisión que le enseñó más sobre ello. Practicó con su madre. Siguió la consigna de los niños exploradores: "Siempre listo". No tenía idea de la importancia que tendría esa lección.

Un día la hermanita de Eric, Jimena, estaba comiendo una merienda. Su madre oyó que Jimena se ahogaba. Jimena no podía respirar. Nada de lo que su madre hacía la ayudaba.

Le pidió ayuda a Eric. Luego se apresuró a llamar al 9-1-1. Pero Eric estaba preparado. Antes de que su madre pudiera decirle al operador del 9-1-1 qué sucedía, Eric se puso en acción. Rodeó con los brazos a Jimena desde atrás. Hizo exactamente lo que había practicado con su madre. El huevo que Jimena había estado comiendo salió expulsado hacia afuera. Jimena estaba a salvo y respiraba de nuevo. Eric, de diez años, se había convertido en un héroe.

Sé un detective

Busca pistas ¿Por qué el orden de los sucesos es importante en la lectura? Usa pistas del texto en tu respuesta.

Haz preguntas Ahora que has leído el texto, ¿qué dos preguntas tienes sobre qué hacer en una emergencia doméstica?

Justifica tu caso El escritor habla de sucesos reales. ¿Los personajes ficticios hacen que el cuento sea más interesante o quitan parte de la información importante? Explica tu respuesta.

El libro en blanco

El papá de Elías estaba en el ejército. Estaba a punto de partir a su nuevo destino en otro país. Cuando se despidió, el papá le dio a Elías un libro.

—Quiero que leas esto cuando llegues a casa —dijo papá.

Elías no tenía ánimo para leer, pero de todos modos abrió el libro... ¡y qué sorpresa! Todas las páginas estaban en blanco, excepto la primera. Allí, papá le explicaba que se iban a turnar para escribir en el libro y se lo iban a enviar por correo mientras papá estuviera lejos.

Elías comenzó a escribir de inmediato y le contó a su papá cuánto lo extrañaba, y luego envió el libro por correo. Tres semanas después, el libro estaba de regreso. Papá había escrito sobre un mercado que había visitado. Describió los aromas penetrantes y picantes, y las alfombras brillantes con patrones. Describió el pan tibio y mantecoso que había probado.

Elías y su papá se escribían con frecuencia. Papá describió cómo era la vida en la base militar. A veces, inventaba cuentos graciosos o hacía dibujos geniales. Elías escribía sobre su casa y la escuela. Hacía dibujos coloridos. ¡Pronto tuvieron que conseguir otro libro, y luego otro!

Cuando su papá volvió a casa, traía un libro nuevo.

—Se me ocurrió que podíamos seguir —dijo papá con una sonrisa.

Elías asintió. Sin duda alguna, esta era una tradición que quería conservar.

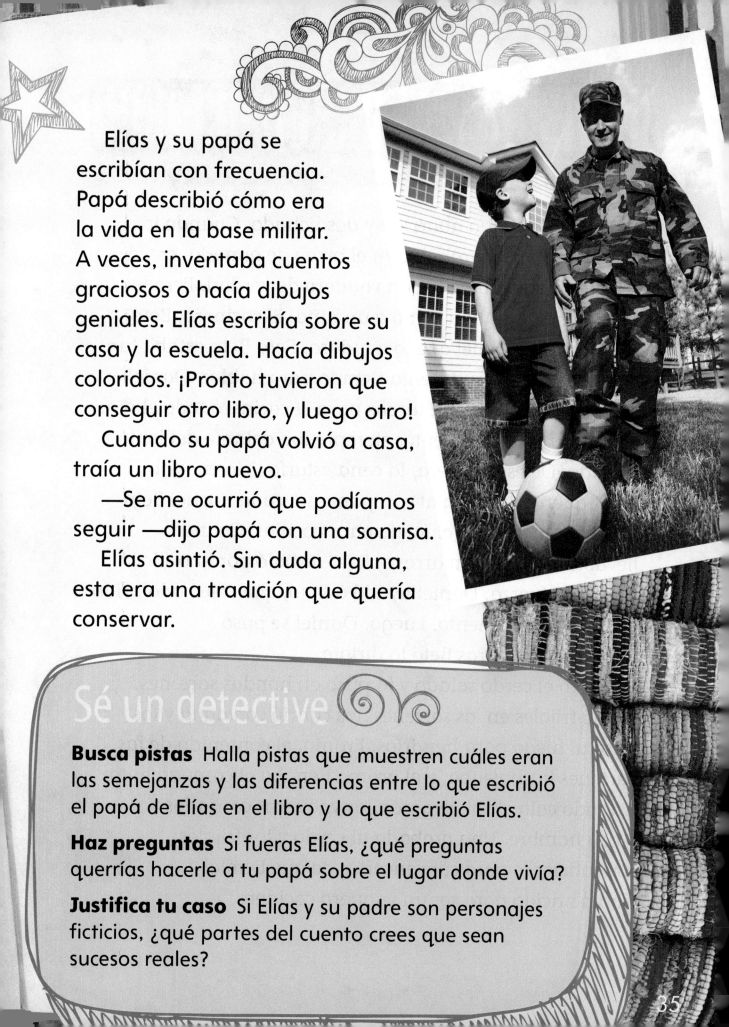

Sé un detective

Busca pistas Halla pistas que muestren cuáles eran las semejanzas y las diferencias entre lo que escribió el papá de Elías en el libro y lo que escribió Elías.

Haz preguntas Si fueras Elías, ¿qué preguntas querrías hacerle a tu papá sobre el lugar donde vivía?

Justifica tu caso Si Elías y su padre son personajes ficticios, ¿qué partes del cuento crees que sean sucesos reales?

DANIEL, EL VAQUERO COCINERO

Daniel se sentía aburrido y desdichado. Cuando lo contrataron para trabajar en el arreo de ganado, creyó que finalmente iba a ser un vaquero de verdad. Pero los vaqueros lo trataban como a un niño. El cocinero, Beto, le permitió a Daniel que lo ayudara. Pero Beto estaba tan ocupado, que apenas tenía tiempo para hablar. Daniel solo observaba y hacía tareas para el cocinero todo el día.

La carreta de alimentos siempre iba delante del lento ganado. De esa manera, la cena estaría lista cuando los vaqueros llegaran al campamento cada noche. Beto y Daniel encendían el fuego para cocinar. Cuando llevaban agua de un arroyo, Beto resbaló por la orilla. Cayó con fuerza. Daniel ayudó a Beto, que cojeó adolorido hasta el campamento. Luego, Daniel se puso a trabajar mientras Beto lo dirigía.

Cortó el cerdo salado y lo puso en hondas sartenes. Vertió frijoles en las sartenes, los cubrió con agua y los puso al fuego para hervirlos. Pronto, el contenido de las sartenes burbujeaba, y el aroma llenaba el campamento. Cuando caía el sol, llegaron los vaqueros cansados y con hambre. Una probada al cerdo y los frijoles fue suficiente para convencerlos de que Daniel había nacido para ser un vaquero cocinero.

SÉ UN DETECTIVE

Busca pistas ¿Qué pistas puedes encontrar que muestren cómo cambia lo que piensan de Daniel los vaqueros desde el comienzo hasta el final del cuento?

Haz preguntas Ahora que has leído el cuento, ¿qué dos preguntas tienes sobre los vaqueros y los arreos de ganado?

Justifica tu caso Los personajes ficticios de este cuento hacen cosas que hacen los verdaderos vaqueros. Enumera las actividades reales que encontraste en el cuento.

Unidad 5

Pioneros de nuevas ideas y nuevos mundos

¡Hola, Detective!
En esta unidad buscarás pistas sobre los cambios. Estos son algunos consejos de un detective que te ayudarán. ¡Sigue así!

Consejos de un detective

Busca pistas

¿Cómo encuentran los detectives las pistas que dan los autores?

- Los detectives buscan pistas sobre la secuencia o cómo un suceso causa otro.
- Los detectives trabajan mientras leen. Intentan hacer que las pistas coincidan como en un rompecabezas.

Haz preguntas

¿De dónde obtienen los detectives respuestas a sus preguntas?

- Los detectives buscan respuestas en las palabras y en las ilustraciones. También hablan con otros detectives.
- Los detectives buscan respuestas en otros libros o en las computadoras.

Justifica tu caso

¿Cómo usan las pistas los detectives cuando justifican un caso?

- Los detectives cuentan lo que piensan. Cuentan cómo las pistas los llevaron a una respuesta.
- Los detectives dicen dónde encontraron las pistas. Esto puede ser muy útil.

¡Demuéstralo!

¿Por qué piensan los detectives en quiénes leerán lo que escriben?

- Los detectives saben que un tipo de escritura no funciona para todos los lectores.
- Los detectives escriben en la forma que sea necesaria. A veces, un detective escribe una lista. Otras veces, lo que se necesita es un cuento o un poema.

Viaje a la LIBERTAD

En 1854, William era un esclavo afroamericano en Carolina del Norte. Ansiaba ser libre, pero eso no parecía posible. Tarde, una noche, un amigo lo despertó. Quería que escapara con él a Canadá.

La idea de la libertad alegró a William. Pero, ¿cómo llegarían su amigo y él a Canadá? Estaba a cientos de millas. Tenían muy poco dinero y alimentos. No tenían mapas. ¿Dónde se esconderían en el camino? Soldados y otras personas buscaban por todas partes a esclavos fugitivos. La respuesta a sus preguntas estaba en el Tren Clandestino.

El Tren Clandestino no era un tren. Era una red de personas que ayudaban a los esclavos a obtener la libertad. Algunos "conductores" del tren llevaban a los esclavos a pie o en vagón hacia lugares seguros. Otros las alojaban en sus casas o graneros para darles refugio. Algunos les daban dinero, ropa y alimentos como ayuda. Antes del fin de la esclavitud en los Estados Unidos, miles de personas usaron el Tren Clandestino para escapar de la esclavitud.

Incluso con toda esa ayuda, el camino a la libertad no era fácil. El viaje solía tomar semanas y era muy peligroso. Muchas personas que usaron el tren admitieron que el largo viaje era un precio bajo a pagar por su libertad.

Sé un detective

Busca pistas ¿Qué palabras del texto te ayudan a comprender lo difícil que era escapar de la esclavitud?

Haz preguntas Ahora que has leído el texto, ¿qué pregunta tienes sobre el Tren Clandestino? ¿Dónde podrías aprender más sobre él?

Justifica tu caso La palabra *conductores* está escrita entre comillas. ¿Por qué se ha hecho esto? ¿Qué significa la palabra *conductores* en la selección?

41

El viaje al Norte

Harlem es un lugar muy interesante. A principios del siglo xx, muchos afroamericanos se mudaron al Norte. Dejaron el Sur en busca de una nueva vida en el Norte. Muchos se establecieron en Harlem. Harlem es un vecindario de la Ciudad de Nueva York.

La vida en el Sur había sido dura. Había pocos empleos. El Norte ofrecía más empleos y la oportunidad de una vida mejor.

Los afroamericanos esperaban obtener empleos en las fábricas del Norte. Soñaban con ganar más dinero. Querían mejores escuelas para sus hijos.

La mayoría de los afroamericanos vivía en el Sur. El viaje al Norte modificó esa situación. Más de la mitad de todos los afroamericanos abandonaron el Sur. Sin embargo, algunos nunca habían vivido en una ciudad. Las ciudades eran grandes y ruidosas. Era difícil vivir en un lugar desconocido. Muchos hallaron consuelo viviendo en vecindarios junto con otros afroamericanos.

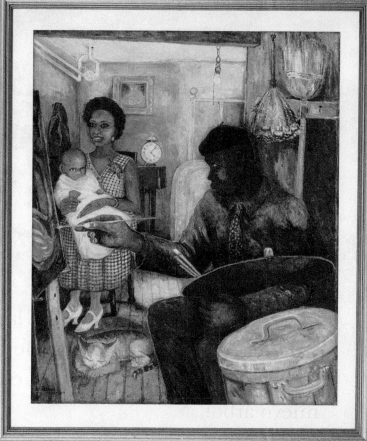

Harlem se convirtió en el vecindario afroamericano más grande del país. Un grupo de artistas, músicos y cantantes usaron sus talentos para mostrar la cultura afroamericana. Palmer Hayden hizo pinturas de afroamericanos que vivían en el Sur y en el Norte. Otros artistas compusieron canciones o escribieron acerca de sus experiencias. Compartieron la travesía de los afroamericanos con el resto del país.

Sé un detective

Busca pistas ¿Por qué el escritor cree que Harlem es interesante?

Haz preguntas Ahora que has leído el texto, ¿qué dos preguntas tienes todavía acerca de Harlem?

Justifica tu caso Explica por qué las personas viajaron a Harlem. Usa la información del texto en tu respuesta.

De semilla a planta y a fruta

¿Sabes de dónde provienen las manzanas? ¿Alguna vez viste una **semilla** de manzana? Dentro de esa cascarita marrón está el comienzo de todo un nuevo árbol.

Todas las semillas contienen un **embrión,** o planta bebé. La semilla protege a la planta bebé. Luego, cuando la semilla recibe la cantidad correcta de agua y calor, se abre. El embrión comienza a crecer.

Un **tallo** con hojitas empuja hacia arriba. Puede haber una o dos **hojas.** La pequeña **plántula** necesita luz para crecer. Las **raíces** también comienzan a crecer. Ayudan a que la plántula obtenga alimento del suelo.

Hojas nuevas crecen del tallo. Cuando hay suficientes hojas nuevas, las hojas de la semilla se caen. Pronto aparecen **brotes de flores.**

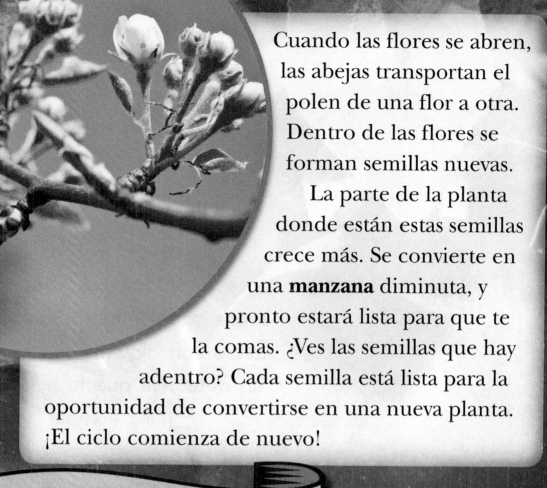

Cuando las flores se abren, las abejas transportan el polen de una flor a otra. Dentro de las flores se forman semillas nuevas. La parte de la planta donde están estas semillas crece más. Se convierte en una **manzana** diminuta, y pronto estará lista para que te la comas. ¿Ves las semillas que hay adentro? Cada semilla está lista para la oportunidad de convertirse en una nueva planta. ¡El ciclo comienza de nuevo!

Sé un detective

Busca pistas Usa pistas del texto para hacer un dibujo de cómo crece una manzana a partir de una semilla. Añade rótulos a tu dibujo.

Haz preguntas Ahora que has leído el texto, ¿qué preguntas le harías a un jardinero si planearas cultivar tu propio manzano?

Justifica tu caso ¿Por qué algunas de las palabras están en letras más oscuras, o negritas? ¿Cómo te ayuda esto mientras lees?

Unidad 6
Cambiar el mundo

¡Hola, Detective!
En esta unidad buscarás pistas sobre cómo mejorar las cosas. Estos son algunos consejos de un detective que te ayudarán. ¡Allá vamos!

Consejos de un detective

Busca pistas

¿Cómo sabe un detective si una pista es importante?

- Los detectives buscan y anotan muchas pistas. No siempre saben qué pistas serán importantes.
- Los detectives buscan maneras de relacionar las pistas.

Haz preguntas

¿Cómo piensan los detectives para hacer preguntas que sean interesantes?

- Los detectives suelen pedir más información sobre una pista.
- Los detectives piensan en las preguntas que no se han respondido.

Justifica tu caso

¿Cómo aprenden los detectives de otros detectives?

- Los detectives escuchan a los demás. ¿Qué pistas encontraron?
- Los detectives hacen preguntas para comprender qué piensan los demás.

¡Demuéstralo!

¿Cómo se preparan los detectives para compartir lo que saben con los demás?

- Los detectives saben que la mayoría de las cosas no salen perfectas en el primer intento. Vuelven a leer y a escribir para hacerlo mejor.
- Los detectives mejoran con la práctica. La práctica hace que compartir sea más fácil y divertido.

Limpiar el parque Sunset

Lucy se quedó en la entrada del parque Sunset. Lo que vio le dio ganas de llorar. La tormenta había derribado dos arbolitos y esparcido ramas por todos lados.

Su hermano, Lucas, observó el revoltijo.

—Sería mejor que nos fuéramos a casa —dijo—. Va a pasar un tiempo antes de que podamos jugar aquí de nuevo.

—Recojamos algunas ramas —dijo Lucy.

—¡Eso nos va a tomar todo el día! —dijo Lucas.

—Si trabajamos juntos, podremos terminar rápido —dijo Lucy.

Comenzaron a recoger ramas y apilarlas cerca de la entrada. Mientras la pila crecía, sus amigos Mario y Elsa pasaban por allí en bicicleta.

—¿Qué sucede? —preguntó Mario.

—La tormenta derribó algunos árboles —dijo Lucy—. Estamos limpiando.

Mario y Elsa se bajaron de sus bicicletas y comenzaron a trabajar. Pronto, unos vecinos vieron a los niños trabajando. También ellos comenzaron a ayudar a limpiar. La señora Clara llegó con limonada fría para todos. En poco tiempo, habían recogido todas las ramas. Los adultos cortaron los árboles caídos y los movieron a un costado. El parque estaba como nuevo. Lucy y Lucas corrieron alegremente a los columpios. Estaban emocionados. ¡Incluso había tiempo para jugar antes de la cena!

Sé un detective

Busca pistas ¿Qué pistas del cuento te indican cuál fue el daño de la tormenta?

Haz preguntas ¿Qué dos preguntas le harías a uno de los vecinos que se detuvieron a ayudar?

Justifica tu caso ¿Qué quería explicar el escritor en este cuento? ¿Cómo lo sabes?

Mejorar las cosas, UNA BOLSA a la VEZ

Annie Wignall fundó la fundación *Care Bags*.

Cuando Annie Wignall tenía 11 años, su madre le contó algo que la entristeció. Le dijo que algunos niños tienen que abandonar su hogar en momentos difíciles. A menudo, tienen que dejar todo atrás. Pierden muchas cosas que aman y necesitan. Annie quería hacer algo para ayudar.

Annie hizo unas lindas bolsas de tela para los niños necesitados. Encontró personas que donaran objetos nuevos que les podían hacer falta a los niños en sus casas. Annie llenó las bolsas con estas cosas.

Puso jabón y pasta de dientes. También puso juguetes. Consiguió juegos y libros para las bolsas. Esperaba dar muchas cosas a esos niños para que se pusieran contentos.

Annie comenzó la fundación *Care Bags* (Bolsas de cariño). Todos los meses, Annie y otros ayudantes preparan aproximadamente 100 bolsas de cariño para niños. Unas personas cosen las bolsas. Otras donan cosas para meter en las bolsas. Algunos voluntarios ayudan a llenarlas. Luego, se entregan las bolsas a los niños necesitados. ¡Producen muchas sonrisas!

La fundación *Care Bags* también ayuda a los niños de otras maneras. Enseña a los niños a mejorar las cosas. Les dice cómo comenzar un proyecto de *Care Bags* en su propia ciudad. La fundación *Care Bags* ha mejorado mucho las cosas con cada bolsita.

Sé un detective

Busca pistas ¿Cuáles son dos sucesos del texto que hicieron que ocurriera algo más?

Haz preguntas ¿Qué dos preguntas le harías a Annie Wignall para saber más sobre la fundación *Care Bags*?

Justifica tu caso El escritor dice que la fundación *Care Bags* ha mejorado mucho las cosas. ¿Qué apoyo proporciona?

SE BUSCA: ¡Grandes líderes estudiantiles!

¿Tienes mucho espíritu escolar e ideas divertidas para ayudar a tu escuela? ¿Eres un buen líder? ¡Entonces puedes pertenecer al consejo estudiantil!

Muchas escuelas tienen consejos estudiantiles. Estos son grupos de estudiantes que se eligen para comentar ideas y tomar decisiones sobre las actividades de los estudiantes. Los estudiantes eligen a los miembros del consejo estudiantil en una elección por clase o grado. Los miembros del consejo trabajan mucho para ser buenos estudiantes, buenos ciudadanos y buenos ejemplos para todos en la escuela.

Algunos estudiantes son funcionarios con tareas especiales: conducen las reuniones del consejo, llevan registros y trabajan con los miembros del personal de la escuela. Otros son representantes.

Hablan a los estudiantes de su clase para obtener ideas. Más tarde, informan a la clase sobre las decisiones que ha tomado el consejo estudiantil.

Pero, ¿qué *hace* en realidad un consejo estudiantil? Puede organizar un evento, como una feria escolar. Puede recaudar dinero para comprar equipos nuevos. Puede planificar actividades voluntarias, como una campaña de colecta de alimentos para ayudar a la comunidad. Si hay un problema en la escuela, el consejo estudiantil puede debatir sobre soluciones posibles al problema.

¿Estás listo para mejorar las cosas en tu escuela? Si es así, ¡el consejo estudiantil puede ser el lugar para ti!

Sé un detective

Busca pistas ¿Cuáles son algunas pistas que encuentras en las ilustraciones y en el texto que te ayudan a comprender mejor qué hace un consejo estudiantil?

Haz preguntas Ahora que has leído el texto, ¿qué preguntas puedes hacerles a los estudiantes de un consejo estudiantil?

Justifica tu caso ¿Qué crees que el texto de esta selección está tratando de describir? Enumera las palabras que ayudan con la descripción.

ONACIONES

Reconocimientos

Fotografías

Every effort has been made to secure permission and provide appropriate credit for photographic material. The publisher deeply regrets any omission and pledges to correct errors called to its attention in subsequent editions.

Unless otherwise acknowledged, all photographs are the property of Pearson Education, Inc.

Photo locators denoted as follows: Top (T), Center (C), Bottom (B), Left (L), Right (R), Background (Bkgd)

Portada Chandler Digital Art

4 (Bkgd) Nightman/Fotolia,(TL) kontur-vid/Fotolia,(C) Kev Llewellyn /Shutterstock,(TR) Zedcor Wholly Owned/Thinkstock; **5** (Bkgd) Warakorn/Fotolia; (TR) Hemera Technologies/Thinkstock,(CR) PaulPaladin/Fotolia,(BR) rrrob/Fotolia; **8** Shane Trotter/Shutterstock; **9** (CL) Jupiterimages/Thinkstock,(BR) uwimages/Fotolia; **10** Elenathewise/Fotolia; **11** Pearson Education; **12** Alexei Novikov/Fotolia; **13** Digital Vision/Thinkstock; **16** (CL) Olga Sapegina/Fotolia,(BR) Comstock/Thinkstock; **17** Oleksandr Moroz/Fotolia; **18** (TL) Aleksandr Vasilyev/Fotolia, (BR) Creatas/Thinkstock, (Border) Aptyp-koK/Fotolia, (C) Andres Rodriguez/Fotolia,(BR) Philippe Devanne/Fotolia; **20** (TL) Sharpshot/Fotolia, (CL) Glenda Powers/Fotolia, (B) Kredo/Fotolia,(BR) Gudellaphoto/Fotolia, **21** (TL) sax/Fotolia, (CL) Laurent Renault/Fotolia,(C) Jupiterimages/Thinkstock; **24** (CR) Mary Evans Picture Library/Alamy, (Bkgd) Tom Brakefield/Thinkstock; **25** (TR) tanya18/Fotolia, (BL) Photos.com/Thinkstock; **26** (Bkgd) Vege/Fotolia; (T) Library of Congress, (CR) Steve Wood/Shutterstock; **27** (TR) Library of Congress, (CR) Pearson Education,(CL) Pearson Education, (BR) Pearson Education; **28** (Bkgd) Jim Mills/Fotolia; **32** (Bkgd) Kit Wai Chan/Fotolia, (C) Pearson Education; **33** Stockbyte/Thinkstock; **34** (Bkgd) Javarman/Fotolia,(BL) Gaelj/Fotolia,(BC) Douglas Freer/Fotolia,(C) Barbara Helgason/Fotolia; **35** (Bkgd) Luminas/Fotolia,(TR) Thinkstock,(BR) Victor B/Fotolia, (Bkgd) Comstock/Thinkstock, (BR) Kevin Largent/Fotolia; **37** TR Jupiterimages/Fotolia; **37** (BL) Sarunya_foto/Fotolia; **40** (Bkgd) lacabetyar/Fotolia,(BR) iMagine/Fotolia, (C) Mates/Fotolia,(C) David M Schrader/Fotolia; **41** Thinkstock; **42** (Bkgd) Hemera Technologies/Thinkstock,(CC) Klavlav/Fotolia; **42** (C) zagart117/Fotolia, (T) Hemera Technologies/Thinkstock; **43** (BR) Rusian Olinchuk/Fotolia; **44** (TL) James Stevenson/Dorling Kindersley Ltd, (TC) Dynamic Graphics/Thinkstock, (CR) Geoff Dann/Dorling Kindersley Ltd; **44** (Bkgd) Justimagine/Fotolia, (BR) Jenny Thompson/Fotolia; **45** (TR) Unpict/Fotolia, (BR) Hemera Technologies/Thinkstock; **48** (T) picsfive/Fotolia, (C) photka/Fotolia,(Bkgd) Melinda Fawver/Shutterstock; **49** Stockbyte/Thinkstock; **50** Care Bags Foundation; **52** Monkey Business/Fotolia; **53** mangostock/Fotolia.